POOL STER

Kleine
Beer

GROTE
Beer

Dit is het
NOORDEN

Voor mijn zoon, Harland

Dit boek schreef ik
in de eerste twee maanden van je leven,
om je te helpen begrijpen
hoe alles in elkaar zit.

Dit zijn de dingen waarvan ik denk
dat je ze moet weten.

'Wat zeg je ervan als we vanaf vanavond een nieuwe leefregel
invoeren: probeer altijd net iets aardiger te zijn dan nodig is.'

J.M. Barrie

SAMEN HIER

WIJS WORDEN uit de WERELD

OLIVER JEFFERS

UITGEVERIJ
De Fontein
JEUGD

ONS ZONNESTELSEL*

(een van de ~~MILJOENEN~~ ~~MILJARDEN~~ BILJOENEN)

URANUS

MERCUR

de zon

VENUS

JUPITER

NEPTUNUS

HIER
zijn
wij

DE MAAN

MARS

AARDE

SATURNUS

PLUTO
(ONZE LIEVELINGS
DWERGPLANEET)

* WAARSCHIJNLIJK NIET OP SCHAAL

Zo, hallo.

Welkom op deze planeet.
We noemen haar aarde.

Op die grote bol die
door het heelal zweeft,
daar leven wij.

We zijn blij dat je ons hebt gevonden, want het heelal is erg groot.

MARS
(de eerstvolgende planeet)
is ongeveer 225 miljoen
kilometer die kant op →

Er is veel te zien en te doen hier op aarde,
dus laten we beginnen met een snelle rondleiding.

Onze planeet bestaat eigenlijk uit twee delen.

L A N D
(STEEN en AARDE)

ZEE
(WATER)

ook WATER

ook LAND

Laten we het eerst hebben over het land.
Dat is waar we nu op staan.
We weten een heleboel over het land.

Dan is er nog de zee.
Die zit vol met wonderbaarlijks.

We weten ook wel het een en ander
over de zee. Daar praten we over
verder zodra je hebt leren zwemmen.

IJSBERG
(bevroren water)

Ongeveer ELF
KILOMETER
diep (denken we)

Er is ook nog de lucht.
Maar die zit behoorlijk ingewikkeld in elkaar…

WIJ DRAAIEN OM DE ZON HEEN

DE MAAN → DRAAIT OM ONS HEEN

HET HEELAL

SOMS is de LUCHT BLAUW

en s

STRATOSDINGES

LUCHT die we inademen

WIND
(bewegende lucht)

sneeuw
(bevroren
vallend water)

regen
(vallend
water)

regenboog

WOLKEN
(zwevend water)

LAND

MELKWEG
(miljarden andere STERREN en PLANETEN)

STERRENBEELDEN
(patronen van sterren)

Andere
planeten

STERREN
(BRANDende GASballen
HEEL ver weg, die je
alleen 's NACHTS ziet,
tenzij het REGENT)

eh... NIET

DONDER
wolken

bliksem

ONZE
ATMOSFEER

ZEE

Oké, we gaan weer verder.

Op onze planeet zijn mensen.
Ieder mens is een persoon.
Jij bent ook een persoon. Met een lichaam.

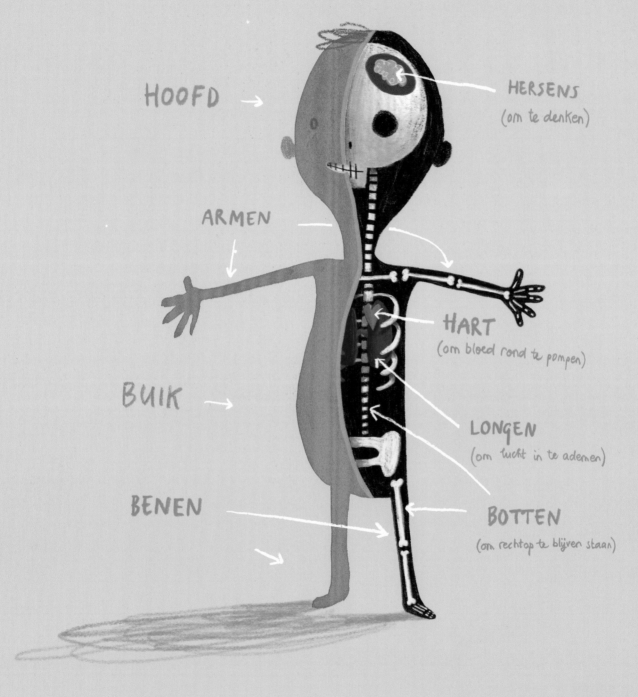

HOOFD →

HERSENS
(om te denken)

ARMEN

HART
(om bloed rond te pompen)

BUIK →

LONGEN
(om lucht in te ademen)

BENEN

BOTTEN
(om rechtop te blijven staan)

Deze groeien wel weer aan

Nagels   Haar

Wees er voorzichtig mee, want de meeste
onderdelen groeien niet meer aan.

Wat mensen niet mogen vergeten is dat ze op tijd moeten
eten en drinken, en dat ze warm moeten blijven.

Mensen zijn er in alle
vormen, maten en kleuren.

We mogen er dan allemaal anders uitzien,
anders klinken en ons anders gedragen…

…maar laat je niet foppen,
we zijn allemaal mensen.

Er zijn ook dieren. Daarvan heb je zelfs
nog meer vormen, maten en kleuren.

Ik hoor hier niet
te zijn

Ze kunnen niet praten, maar dat is geen reden om niet lief voor ze te zijn.

Ik praat!

Misschien kun jij nu ook nog niet praten,
en toch zit je hoofd al vol met vragen.

Wees maar geduldig, je leert gauw genoeg
hoe je woorden kunt gebruiken.

Meestal werkt het zo:
als de zon op is, is het dag
en dan doen we dingen.

De rest van de tijd is het nacht en is
het donker, de tijd van de maan.
Dan slapen we.

(Alsjeblieft?)

Soms gaan de dingen hier op aarde langzaam.

Maar meestal gaan ze razendsnel,
gebruik je tijd dus goed.

Voor je het weet
is het voorbij.

Hoewel we al heel veel hebben uitgezocht
zijn we nog lang niet overal achter.
Er is dus nog genoeg te ontdekken voor jou.

Je gaat zelf een heleboel dingen uitvogelen.
Vergeet niet om tips voor anderen achter te laten.

Ze ziet er groot uit, de aarde.
Maar we zijn hier met een heleboel.

(7. 327. 450. 667 en er komen er nog steeds bij)

Wees dus vriendelijk.

Er is genoeg voor iedereen.

Nou, dat is onze aarde.

Zorg goed voor haar, want we
hebben er maar eentje.

En als er nog iets is wat je wilt weten…

...vraag het me gerust.
Ik ben nooit ver weg.

En mocht ik even niet in de buurt zijn…

…dan kun je het altijd aan iemand anders vragen.

Op aarde ben je nooit alleen.

'Als je omkijkt en jouw planeet echt als een planeet ziet, dan voelt dat fantastisch. Het geeft je een totaal ander perspectief en eerlijk gezegd zorgt het ervoor dat je werkelijk gaat beseffen hoe fragiel ons bestaan is.'

– Dr. Sally Ride, astronaut en natuurkundige

'Er zijn maar drie woorden die je leven zouden moeten bepalen, mijn jongen: respect, mededogen en tolerantie.'

– Olivers vader, universeel goed mens

Dankjewel

Hannah Coleman, Helen Mackenzie Smith, Rory Jeffers, Michael Green,
Judith Brinsford, Anna Mitchelmore, Paul Moreton, Patrick Reynolds,
Hayley Nichols, Geraldine Stroud, Ann-Janine Murtagh, Jen Loja,
Erin Allweiss, Timothee Verrecchia, Suzanne Jeffers
en, natuurlijk, Harland Jeffers.

Samen met iedereen die mijn boeken maakt, verkoopt, leest en steunt.

Quote op pagina 4: J.M. Barrie, *The Little White Bird*. 1902.

Quote op pagina 44: Dr. Sally Ride, interview op www.achievement.org. © Academy of Achievement, 2006.

Negende druk, 2023

www.defonteinkinderboeken.nl

Oorspronkelijke titel: *Here We Are: Notes for Living on Planet Earth*
Verschenen bij HarperCollins *Children's Books*
Tekst en illustraties © 2017 Oliver Jeffers
Voor deze uitgave:
© 2018 Uitgeverij De Fontein, Utrecht
Vertaald met toestemming van HarperCollins Publishers Ltd
Vertaling: Marjolein Algera
Grafische verzorging: Sander Pinkse Boekproductie

ISBN 978 90 261 4656 5
NUR 273

Zuider
kruis
Wijzers
ZUIDELYKE
hemel
POOL
Achernar
Dit is het
ZUIDEN
N
W
O
Z